Ratón Ton viaja a Italia

Marina Guerrero

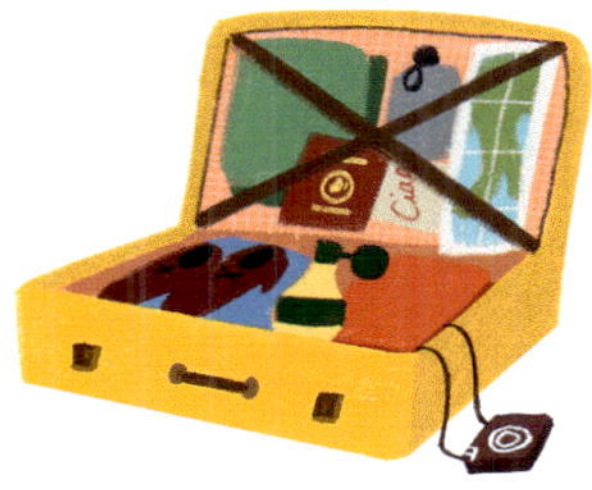

Título original: Ratón Ton viaja a Italia
Autora: Marina Guerrero
Diseño e ilustración: Marina Guerrero
Redes sociales: @marinaguerreroart
Publicado por Editorial Gusanillo 2025
Redes sociales de la editorial: @editorialgusanillo
Página web de la editorial: www.editorialgusanillo.es
Impreso y encuadernado en España
Código de Depósito Legal: V-2809-2025
ISBN: 979-13-87530-54-9

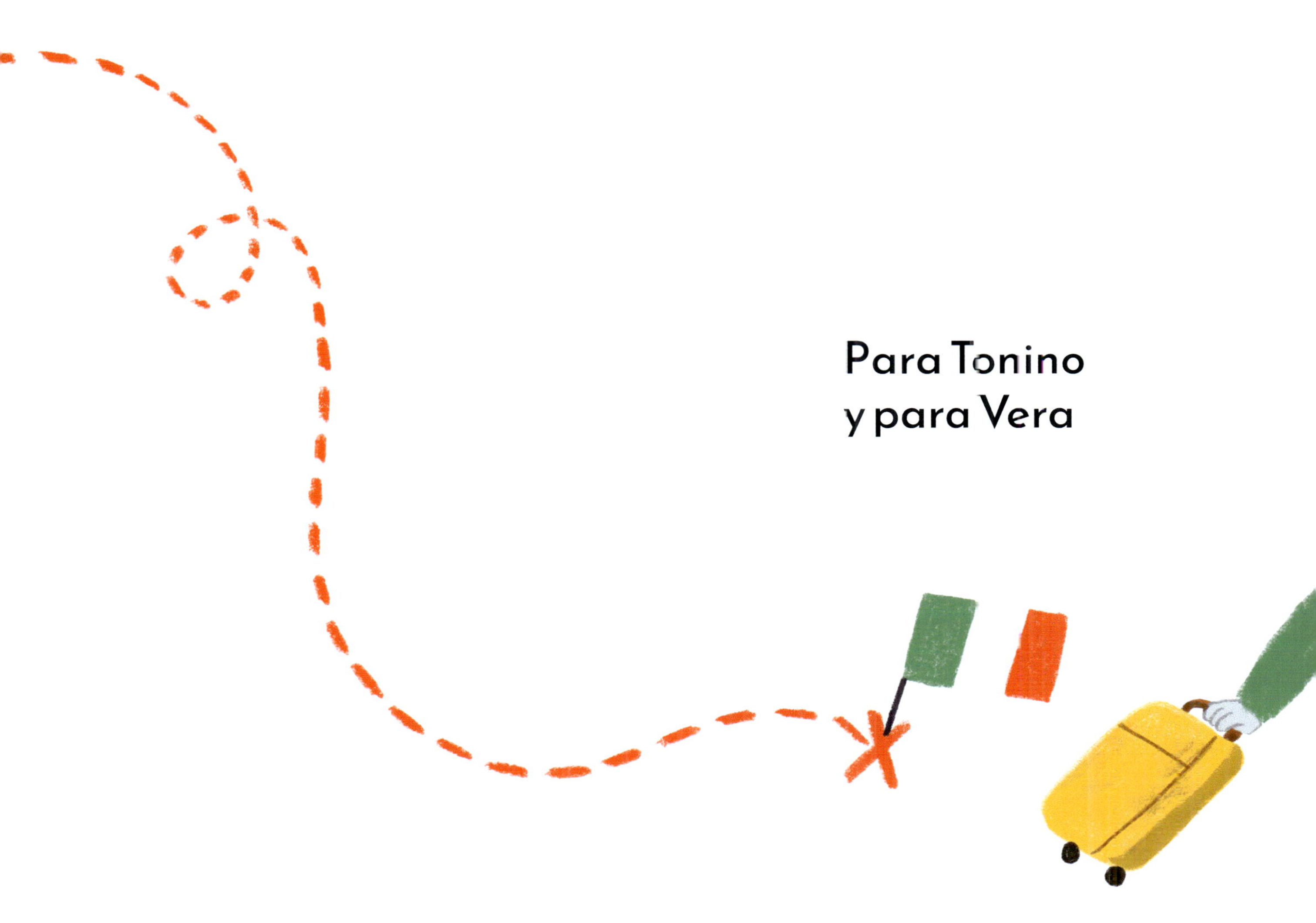

Para Tonino
y para Vera

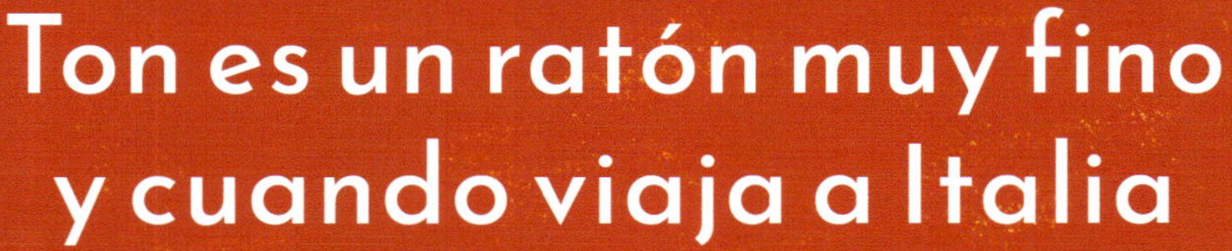

Ton es un ratón muy fino
y cuando viaja a Italia

lo llaman Tonino.

Roma es su primera visita,
pide *carbonara* para comer
y café en una tacita.

MENÙ
Pasta
carbonara

En Italia está el país más diminuto.
Se llama El Vaticano y tiene...
PAVLVS · V

¡la iglesia MÁS GRANDE del mundo!

Hoy vamos a Florencia,
veremos cuadros y esculturas.

Pasear en góndola por Venecia
¡también es una aventura!

En Sicilia paramos un rato,
tomaremos *granita*
y un rico *gelato*.

Seguimos nuestro camino
cogiendo un barco
rumbo a Portofino.

CLICK!

La Torre de Pisa
está inclinada.

Hazte una foto sujetando
la fachada.

Ton también es un poeta
y bajo el balcón

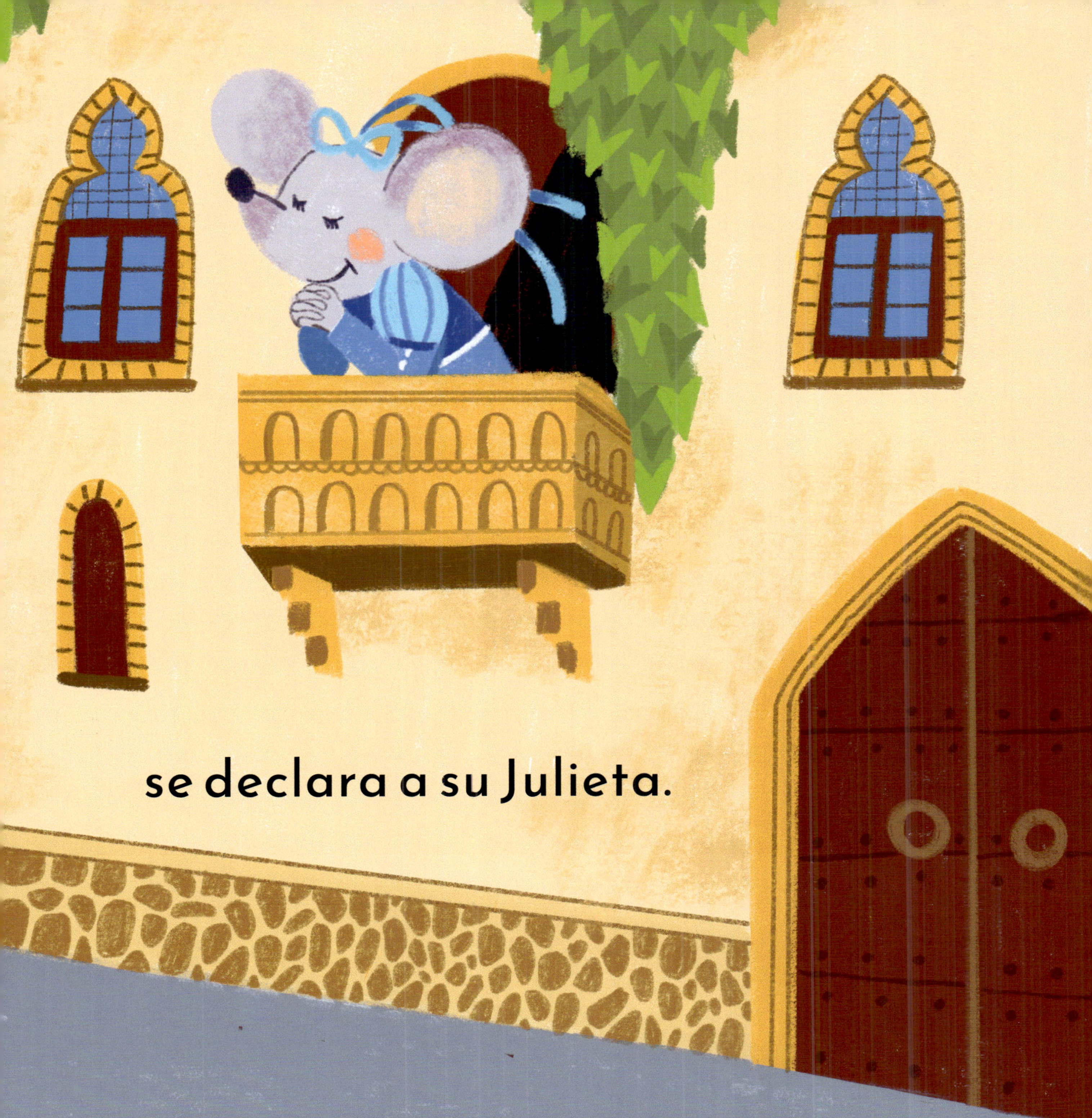
se declara a su Julieta.

En Nápoles nos reímos con *Pulcinella*.

Y en Bolonia compramos
su famosa mortadela.

· MENÚ ·
Cuatro quesos,
diavola o margarita,
¿cuál es tu pizza
favorita?
TON ♥ PIZZA

Recuerda: una moneda
debes lanzar,
si a Italia
quieres regresar.

CLEMENS XII PONT MAX

Atardece en la ciudad eterna
de los antiguos romanos.
Españoles e italianos,
¡somos como hermanos!

Adivina...

En el cuento aparecen algunos monumentos famosos.
¿Serías capaz de unir las imágenes con su nombre?

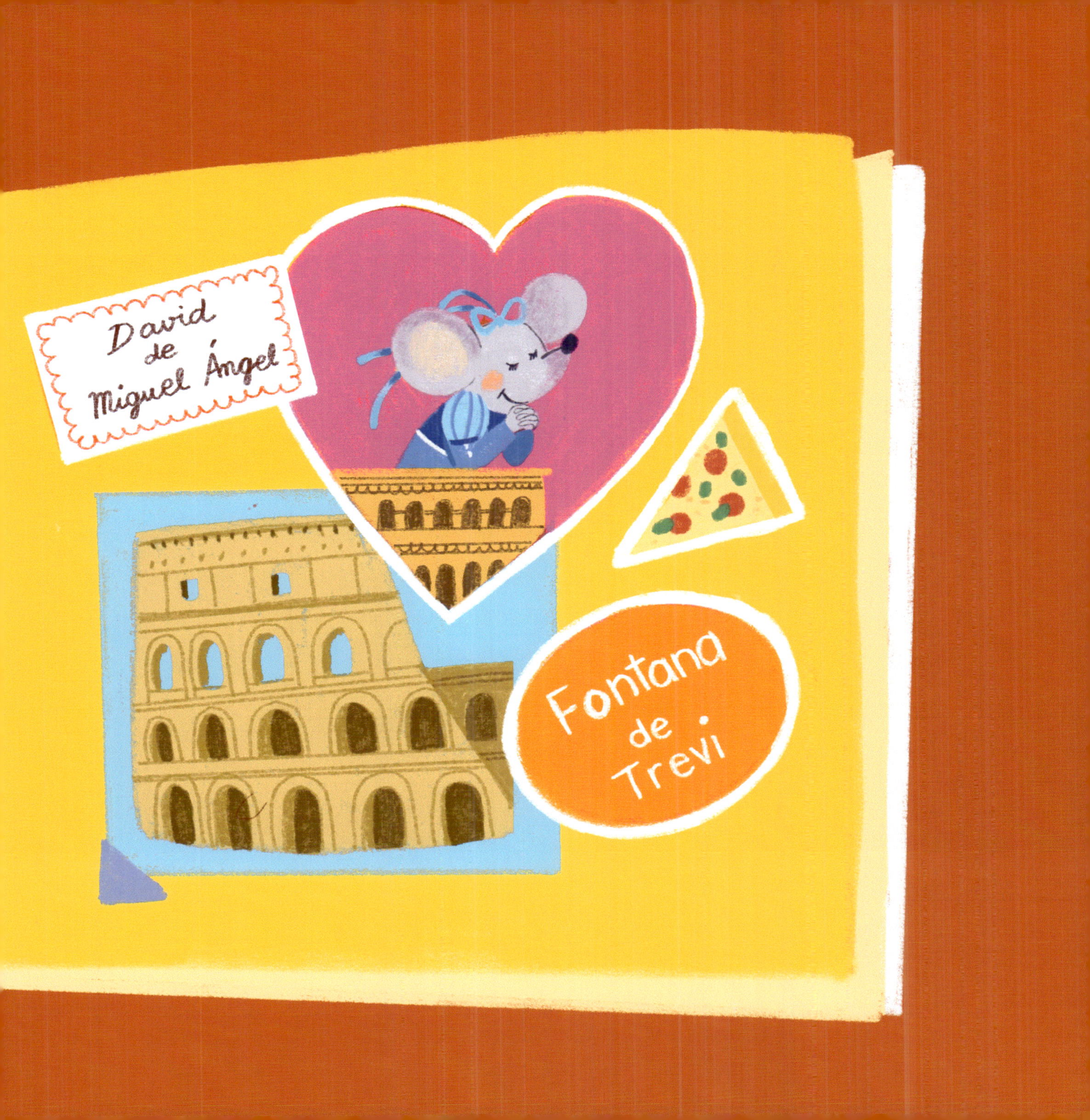

David
de
Miguel Ángel
Fontana
de
Trevi

Pizza Margarita

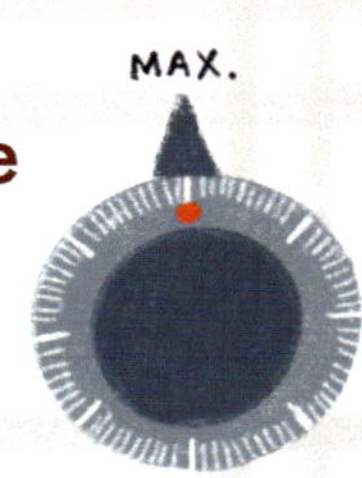

1. Enciende el horno para que esté bien caliente cuando metas la pizza. Recuerda pedir ayuda de un adulto.

2. Espolvorea harina sobre una encimera de cocina y extiende la masa de pizza. Puedes darle la forma que quieras.

3. Con una cuchara, extiende la salsa de tomate sobre la masa.

4. Encima del tomate, coloca trozos de mozzarella fresca.

5. Mete la pizza al horno durante 7-8 minutos. Pasado ese tiempo, sácala y decora con albahaca fresca y un chorrito de aceite de oliva.

6. Corta la pizza en triángulos y …

buon appetito!

Ciao !